상처에 대응하는 방식

김진희 시집

문학의전당 시인선
211

상처에 대응하는 방식

김진희 시집

문학의전당

시인의 말

오래 묵은 물집 하나가 이제야 터졌습니다.
사느라 참 많이도 애썼던 열세 살의 그 아이에게
위로의 시 한 편
손에 꼭 쥐어주고 싶었습니다.

"그동안 많이 미안했고 고마웠다.
이제는 세상 속에서 자유로워지기를!"

이 시집을 읽고 계실 당신께도 늦은 안부를 보냅니다.

2015년 여름 장수골에서
김진희

차례

시인의 말

제1부

월식 13
고슴도치 14
손금 15
고드름 16
명(鳴) 18
대학로 19
반죽 20
협궤열차 22
뗏목 23
선잠 24
유빙(流氷) 25
가슴 나이 26
불현듯 27
장마 28

제2부

처서 무렵　31
임시 공휴일　32
뱀　33
폐목　34
아버지　36
새　37
강릉김씨 제망매가　38
욕　40
낮은음자리표　41
공터　42
애먼 봄　43
줄(茁)　44
물이 사는 법　45
미연(靡然)　46

제3부

수숫대　49
동안거(冬安居)　50
건초　51
오로라　52
새그물 장수　54
불티　55
파종 이후　56
perdendosi　58
죽은 척　59
서표(書標)　60
당신에게도 그런 세월이 있었는지　62
원룸촌　63
진눈깨비　64
종신(終身)　66

제4부

여전히 더듬거리다	69
신호	70
상쾌한 소식	71
바람개비	72
벌목	73
에필로그	74
직방(直放)	75
소멸 단상	76
낮달	77
돌	78
눈을 뜨다	79
압화	80
도라지꽃	81
템	82

해설 | 울음의 안쪽, 회한의 시학　83
　　　| 정병근(시인)

제1부

월식

헛손질을 하다 짓찧은 손톱
검은 피가 손톱의 반달을 가리웠다

지금이라는 한때가
느닷없이 자지러지고 있다

나 혼자 앓는 동안
너는 안부도 없고

헛손질 한방에 세상이 고꾸라질 듯해도
시간은 모든 걸 해결해주리라
그때까지 잠시 안녕

고슴도치

상처는 제일 아픈 곳으로 파고든다지
눈에 보이지 않는 상처가
보이는 상처보다 더 깊고 위험하다지
가시를 품고 살아가기가 얼마나 힘든 일인지
살아보지 않고는 알 수가 없는 것
가시가 삐져나오는 만큼
마음 밖은 무너져 내리는 일임을
그리 오랜 시간이 흐르지 않았어도 알고 있지
몸속에 품었던 가시가
조금씩 자라고 자라
몸 바깥에 경계를 세우기까지
가시 끝에 눈을 달고 살아야 했지
그것이 세상에 대응하는 방식
그것이 상처에 대응하는 방식
더 이상 가까이 오지 마시오
더 이상 흔들어대지 마시오
그냥 내버려두시오

손금

걸어온 길목마다
실 같은 고랑이 파였다
살아갈 날은 또 얼마나 아득할지
굴곡진 삶
우주를 몇 번 뒤집은 것 같은데
결국
당신의 손바닥 안이었음을

고드름

달생(達生)의 생이 매달려 있다
정강이뼈 아래로 피가 돌지 않은 지 오래되었다
가끔씩은 뼈의 울음소리라도 듣고 싶은데
막힌 혈로(血路)를 뚫고 싶은데
여윈 다리로는 움직일 수가 없구나
내 의지와 상관없이 흘러갔던 삶의 모습들과
체념 속에서 지내왔던 은둔의 시간들과
서둘러 떠나갈 수밖에 없었던 수많은 잘못들
미친 듯이 도망쳐 다니던 두 다리를
바람벽에 내다 걸었구나
그동안 일방적으로 코너로 몰리지 않았더냐
갈 데까지 가지 않았더냐
이미 절벽인데
벌써 다 할퀴어 뜯겨버린 지가 언제인데
제발 두 다리만은 썩지 않게 해다오
언 것들은 녹으면 물이 된다
물은 또 바람을 가슴에 품고 있다
처음 왔던 그 순간으로 되돌릴 수만 있다면

더 이상 무슨 욕심 있겠는가
물방울들이 막힌 다리의 혈로를 뚫기 시작했다

명(鳴)

송아지가 팔려 나간 뒤부터
축사에 남아 있는 소는
거친 울음을 사나흘 울었다

벌목하는 날
나무도 골짜기를 흔들면서
큰 소리로 울었다

당신이 세상 버린 날부터
내 시도 청승을 떨기 시작했다

새는 차마 울지도 못하는 이의 울음을
대신 울어주느라 목이 쉬어도 그치지를 못한다

울어야 사는 목숨들이 있다

대학로

시집의 표지가 너덜너덜해지고
색이 바래질 동안
너는 무얼 하며 살아왔는지
매캐한 연기 속 주점에서 떠돌던 언어들이
다른 사람들 생에 녹아들 동안
너는 어떤 생각을 하며 살아왔는지
젊은 날의 그 거리
많은 사람들이 바뀌고 늙어갈 동안
너는 아직도 그 신호등 앞에서
서성대고 있구나
희미한 꿈속 마주하던 사랑아
이제는 잊혔던 노래 하나 꺼내어
너에게 안부를 보낸다

반죽

시를 빚는다
시를 모의하는 저녁
삶의 기억들이 꼬리를 물고 찾아온다
아픔을 참던 기억은 아직도 서운함으로 남아 있고
따스했던 기억은 또 얼마나 아름다웠었는지
살아야 한다고
살아보고 싶다고
대세 앞에선 어차피 거스르지도 못할 것을 알면서도
체념 못한 푸념들이 손아귀에 힘을 주기 시작한다
이제 어디로 갈 것인가
날 기다리고 있었는지
정말 오래 기다리고 있었는지
나는 여기까지 오느라 정말 많이 힘들었단다
막차를 겨우 얻어 타고 왔어
불빛 아래 두런두런 이야기가 길어지는 밤
이윽고 반죽이 걸죽해졌다
살아 있으니 이렇게라도 만나는구나
깊은 울음이 잠겨오는 밤

먼 기억 속에서 끌어 올린
내 전생의 노래 한 소절

협궤열차

내 유년의 논둑길로 달려와
원추리 꽃 던져주던 키 작은 남자
성긴 노을로 잠겨와 이내 어둠으로 침잠하던 그날처럼
세월의 한 모퉁이 잡고
금방 잊힐 악수를 청하고 있다

뗏목

강을 떠내려 오는 나무는
저 혼자 오래 흔들리고 있었다
바람이 일렁이던 날은 미칠 것만 같았다
우리들의 열여섯 소식도 끊기고 꿈도 잘려지고
알 수 없는 풍문 속에 이리저리 흔들리며
며칠씩은 잠에 취해 있기도 했었다
지극히 정상적인 것들을 얼마나 부러워했었던가
불빛은 멀고 헛헛하게 주고받던 몇 마디 말들의 시절
나무의 시간만큼이나 썩어질 수 있을까
그 오랜 흔들림은

선잠

오늘도 그대에게 다가가질 못했다
기다리는 일 다가서는 일 쉽지가 않아
한참을 밖에서 서성거려야만 했다
약속을 하기는 한 건가
기억조차 가물가물한데
이유도 없이 소식이 끊긴 사람
한번쯤은 만나볼 수 있을까
떫은 감처럼 설익었던 인연 하나

유빙(流氷)

찬바람 부는 망망대해
하얗게 잘린 꿈들이 떠돌고 있다
수없이 수화기를 들었다 내려놓았던 긴 하루가 가고
아직은 뒤척이는 것조차 죄가 되는가
죽은 듯이 누워 언 잠을 청하는 사람들
막차가 끊어진 시간
종이 쪼가리 신문지 몇 장 뒤집어쓴 채
노숙의 시절을 견디고 있는
역전의 생들

가슴 나이

여든을 바라보시는 시인의 눈가엔 가는 주름이 흐르고
가는 주름의 강물 위론
작은 돛단배가 지나가고 있지만
낙타를 태워주던 한 남자의 기억
아직도 사막에 떨구지 못하고 있다
기억의 창고엔
철들지 않은 것들만이 남아 몸 뒤척이고
살아온 날들에 문득 목이 메일 때
따뜻한 심장이 뛰는 그 근처쯤에서
떠나오던 날 그 모습으로
그대를 다시 만나고 싶다

불현듯

불현듯 추억이 찾아왔네
영화를 보다가 가슴이 울컥 했네
지하철 정거장에서 부르던 노래
내 삶의 방향은 어디를 향하고 있나
숱한 의문들이 거리의 풍경처럼 빠르게 지나갔지만
현실은 당장 다음날을 걱정해야만 했었지
삶은 늘 혼란의 연속
정답이 있기는 있나
저 청춘들처럼 내 젊음도 저렇게 거리를 떠돌아 다녔었네
서러운 추억은 이렇게 불현듯 찾아오지
내가 아직도 그 거리를 서성거리고 있듯이
이렇게 불현듯

장마

잠깐 살다 간 계모가
집안을 들쑤셔놓았듯이
그해 여름 우리는 처음 만났었던가
시도 때도 없는 너의 견제에 시달리느라
내 감정선은 늘 습했지
저 바람의 입속에서
검은 데몬의 무리가 쏟아져 나왔었던가
서로에게 내리꽂히는 말의 화살들이
진흙탕 속의 설전이
도랑을 넘어 길을 덮치기 시작했지
시뻘건 저것
너와 내가 거칠게 만나 만들어낸 토악질이 아니었나
우리 습생으로는 만나지 말자
절대 만나지 말자
무거운 비가 그치고
인생의 서막이 다시 시작될 때까지

제2부

처서 무렵

입추 지나 백로 사이
더위가 멈추고 쓸쓸해지는 시기
앞만 보며 달려왔다
이제는 뒤돌아보아야 할 때라고 누가 일러주었다
뜨거운 열정은 아직 식지 않았다
한 번의 기회가 나에겐 다시 찾아올 거야
몸을 사릴 여유가 없다
방향을 정하지도 못하고 흰머리 휘날리며 돌진하는
저 무직의 행렬들
하룻밤 사이의 일이다
현직과 은퇴자의 차이는
모두가 가고 있는 길
모두가 맞이해야 하는 으스스한 생의 변환기
안경을 썼는데도 눈이 침침해져 온다
남은 생을 어떻게 해독해야 할지
햇살도 바스스 부서지기 시작하는 처서 무렵

임시 공휴일

오늘은 몸이 아파서 쉽니다
—주인 백

시골식당 유리창에
삐뚤빼뚤한 글씨의 종이 한 장이 달랑거린다
갑작스럽게 쉬어야 하는 하루
주인 백은 어디서 무얼 하고 계실까
식당의 모든 소음들이 잠잠한 날
지나가던 먼지가 가만히 유리창에 붙어
식당 안의 동태를 살피고 있다
아무도 보지 않는 시계 속의 짧은 안부
당신만의 임시 공휴일

뱀

너의 허물은 어디다 두고 왔느냐

저는 아직 반성할 생각이 없는데요

원하는 말과 하고픈 말이 팽팽한
유난히도 긴 미물들의 시간

폐목

벌레 몇 마리 그곳에 눌러 붙어
오랫동안 등골을 파먹었나 보다
내려앉은 어깨
휘청거리는 뒷모습이 서늘하구나
몇십 년 그 한자리 지키느라
얼마나 수고가 많았었느냐고
미안하다는 말
고맙다는 말 한마디 제대로 못하고 살아오는 동안
그사이 삶은 몇 번인가 느닷없이 번개도 맞고
천둥소리도 들렸더구나
네 가슴 썩는 줄 모르고 투정만 부리며 살아왔더구나
나무여
찰랑대던 이파리의 날들이
산기슭에 멀리 떨어져 나와 있더라도
가벼운 기억만 가지고 가라
기억의 최소단위
오직 사랑했던 기억만 가지고 가라
일생의 몫 다 끝내고 난 뒤의 후련함

가볍게 가볍게 기억의 최소단위만 가지고 가라
모든 걸 비워낼 줄 아는 나무여
그래야만 떠날 수 있다는 것을 잘 아는 나무여
나무여

아버지

구립 노인요양센터 연꽃 방에 누워계신다
사는 동안
그늘 하나 되어주지 못하고
울타리 하나 되어주지 못했던 사람
지나온 과거가 한없이 무거워
아픈 신음만 끌어안고 사는 사람
뼈만 남은 몸속엔 아직도 많은 죄가 돌아다니고
사막 같던 삶에 마지막 꽃피우듯
머리맡에 종이꽃 하나 걸어놓고
구립 노인요양센터 연꽃 방에 조용히 누워계신다

새

걷지 못한 다리를 끌어 앉고 사신 지 십여 년
당신이 돌아가시면 새가 되어
원 없이 산과 들을 날아다니시겠다고 하신다
이제 더 이상 아버지는 불구가 아니시다
적어도 꿈속에서나 저 세상에서만큼은
잠깐 잠이 드신 사이
아버지의 두 다리가 움찔움찔 움직이기 시작했다
땅을 차고 하늘로 솟구치기 위해
꿈속에서 나는 연습을 하고 계시나 보다

"이제는 몸 가벼울 일만 남았지
사는 동안 흘린 눈물 깃털처럼 다 날려 보냈구나
아픈 세월은 내가 다 끌어안고 가마
그서라도 할 수 있어서 나행이나"

마른 풀숲 흔들리는 바람 사이로
새 한 마리 조심조심 땅을 차고 날아오르기 시작했다

강릉김씨 제망매가

양평에서 수원에서 인천에서 사는 형제들아
다들 그렇고 그렇게 살아가고들 있구나
한 나무에서 태어나
서로를 조금도 그리워하지 않고 사는 형제들아
탄생의 짧은 봄날만 있었을 뿐
여주의 겨울은 너무나 길었다
겨울 담벼락에 걸린 시래기처럼
우리는 겨우겨우 몸만 건사하며 살아왔구나
뿔뿔이 흩어진 형제들아
어느 길에서 마주친다 해도
멋쩍은 웃음 한번 지어볼 수 있을는지
언젠가 누가 먼저 이 세상을 떠나가게 되더라도
지금처럼 조금도 슬퍼하지도 그리워하지도 말자
그러나 아버지 장례식 날엔 꼭 한번 만나자
화염으로 돌아가시는 마지막 날엔
그동안 고생 많으셨다고 부디 좋은 곳으로 가시라고
위로의 한 말씀은 꼭 전해 드리자
그럼 그때 만나기로 하자

잘들 지내거라

동생 둘은 끝끝내 장례식에 오지 않았다

멀리서 나뭇가지 두 개가 아프게 떨어져 나가는 소리가 들려왔다

욕

썩을 년 썩을 놈
인간은 어차피 다 썩는다는
이 만고의 진리를
굳이 욕으로까지 만들 이유가 있었을까

빨리 죽어 없어져 버리라는 뜻이 있겠지만
얼마나 더럽고 화가 났으면
당연한 걸 욕으로 만들어놓았을까

그동안 너만 믿고 살아왔는데
이제는 아니다 하시며
오늘도 미친년이라는 욕을 퍼붓는 아버지
그럴 때마다 나는
"내가 그동안 아버지 때문에 어떻게 살아왔는데
나한테 이럴 수가 있으세요"
악을 써댄다
생이 지랄인 까닭이다

낮은음자리표

마른 젖꼭지를 단 어미개가
거리를 배회하고 있다
저 마른 젖꼭지
한때는 탱탱하게 불어 거침없이 흔들거렸으리라
먹여 살려라 어미여
자식을 위해 버텨주어라
큰소리로 울지도 못하고
낮게 낮게 속울음으로만 삼키던 울음
젖을 채우려 허겁지겁
목구멍으로 우겨넣었던 생계
이제는 까맣게 말라버린 젖꼭지로
바닥을 향하고 있다
신이 되지 못해서
죽는 날까지 용서를 빌어야 하는 어미의 생
자식 가진 어미는 끝내 하늘을 바라보지 못했다

공터

허기진 바람이 찾아 왔었다
어디에고 앉아 놀 만한 곳은 없었다
물은 흐르다 잠이 들어버렸고
낯선 새들만이 한 차례
똥을 뿌려놓고 날아가 버렸다

애먼 봄

사람들이 갑자기 툭툭 딴 짓들을 할 때

가령 걸려온 전화를 다른 방에 가서 받으며 서둘러 끊을 때

그들이 누구와 무엇을 하고 있는지

생각이 꼬리에 꼬리를 물고 있을 때

문득 혼자라는 생각이 들 때

혼자 세상을 살아가야 하다니

그 때문에 커다란 외로움이 한꺼번에 몰려오고 있을 때

툭툭 영글지 않은 인연이 서둘러 떠나가려 할 때

줄(茁)*

신랑 신부가 나란히 주례 앞에 서 있습니다

"너희들도 먼 길 떠나는구나."

누군가 이렇게 덕담을 해주는 소리가 들려왔습니다

---

*줄(茁): 풀 처음 나는 모양 줄.

물이 사는 법

낮게 더 낮게
물은 낮은 곳으로 흐르며
바닥에 무늬를 새긴다
얼룩무늬가 되어 땅속으로 혹은 강물 속으로 스며든다
흐르는 동안 물은 때로는 눈을 질끈 감고
수직침하도 감행해야 한다
물이 죽을 만큼 바닥으로 깊어져야 하는 이유
먼 바다로 다다르는 여정이
곧 당신의 일생인 까닭이다

미연(靡然)

철로변
꽃제비 한 무리 납작 엎드려 있다
흙먼지 뒤집어쓰고
바닥에 떨어진 것들 주워 먹으며 한뎃잠을 잔다
기차가 지날 때마다
으스러지지 않으려 엎드리곤 하는 일들이
습관처럼 당연한 일이 되어버렸지만
내게 허용된 세상은
바닥에 엎드려 흔들리는 일뿐
철로변
아슬아슬한 삶의 무리가
이리저리 바람에 쏠리고 있다

제3부

수숫대

이제 더 이상
땅속 물길을 찾을 수가 없네
푸른 잎사귀 다 말라버려 퍼석거리는 시간들
죽을힘 다하여 햇빛을 모았다가
달라는 대로 모두 내어주었지만
정작 날 위해 울어야 할 때
마른 울음소리밖에는 나오질 않네
뻥 뚫린 뼛속에 바람은 왜 그리 자주 들락거리는지
물 한 모금 편안히 삼킬 수 없는
껍데기만 남은 사람
나는 누구였으며
지금 어디를 향해 소리치고 있나

동안거(冬安居)

잠실역 지하 계단
웅크리고 앉은 노인이 탁발을 하고 있다
한기가 지날 때마다
등은 조금씩 더 구부러지고
사람들 외면도 익숙한 듯
몸을 꼭 끌어안고 있다
삶의 무거움
얼마를 더 삭혀야만 가벼워질까
긴 수행이 끝나면 웅크렸던 몸
단단하게 굳어져 있을까
추운 겨울 잠실역 지하 계단 위에서의
모진 동안거

건초

어제는 늦가을을 지나왔다
사람이 그리운 날의 허기처럼
안개가 마른 가지를 둘둘 말고 있다
소식을 어디다 떨구고 갔는지
새는 엽서 한 장 보내지 않는다
마른 몸으로 견디는 일만 남아 있다
허물로 다시 돌아온 생은
긴 명(命) 자랑하지 않는다

오로라

저 촉수의 끝엔
어떤 은하가
흐르고 있는 걸까

한밤중에 끌려나와
온몸을 흔드는 사로잡힌 자의 춤
푸른 부표가 손 흔들고 있다

너의 배후는
거센 눈보라와 바람
지상의 모든 언어를 빨아들이는 듯한
저 푸른 불빛은
밤사이 당도한 낱말들을 감지한다

너에게 가는 길은
아득하고 아득할 뿐이지만
겨울 하늘의 영민한 불빛이 되어
세상에 없던 인연 하나를 만들어보고 싶은 것이다

너와 하나가 되고 싶은 순간에
비장하게 일어서는 건
아포리아 그대인가

새그물 장수

오일 장터
새그물 장수
겨울 한철을 떠돌고 있다
목쉰 소리로 가릉거리는
늙은 가수의 노랫소리처럼
근근이 생계를 유지하고 있는 낡은 상징들
미음 한 모금 남기고 떠난 사람이
세상에 남긴 낡은 필름 한 컷
오일 장터
새그물 장수

불티

치열했던 어제의 시간들을
어디서 찾아볼 수 있을까
독하게 붉은 빛을 하늘로 쏘아 올리던 시절에 대해
누가 또 헛것을 살았다고 말할 수 있을까
살아가는 일
어차피 알고 시작했던 건 아니었다
끝끝내 잡히지 않은 동상이몽의 끝엔
작은 기억 하나만 겨우 살아남아
타닥거릴 뿐

파종 이후

씨앗을 파종한 날부터
땅속 씨앗은 당분간 청소만 하고 지내겠지
흙과의 교감이 필요하기 때문이지
곧 이웃들과 인사를 나누며 통성명을 하기도 하겠지
새벽시장의 풍경들처럼 모닥불도 피우고
커피도 한 잔씩 권하기도 하겠지
몸을 데우고 마음을 데우겠지
입주 시기가 비슷한 씨앗들의 마을에선
부녀회장도 뽑고 입주자 대표도 뽑고
관리소장도 초빙하겠지
수위 아저씨도 곧 보초를 서시겠지
집들이 방문객들도 다녀가겠지
생활이 안정이 되는 대로
그곳에서 뿌리를 박고 살아가자고 결심을 하게 되겠지
그리고 주소도 익히고 교통편도 알아보며
세상 밖으로 조심스럽게 나가도 보겠지
삐죽삐죽 본색을 드러내며
옥수수, 감자, 콩, 상추, 아욱들로 살아가게 되겠지

사람들이 윤씨, 공씨, 송씨, 황씨, 방씨 등등으로
삶을 살아가게 되듯이
그들도 그렇게 살아가게 되겠지

perdendosi
— 점점 느리게, 그리고 사라지듯이

그대 바스락거리지 마라
아직 생이 끝나지 않았다
계절이 끝에 다다랐다고
괜한 조바심내지 마라
인생은 우리가 알지 못하는 그 무엇 또한 있는 것 같으니
이별을 준비하는 이여
오늘은 너무 서두르지 말고
지난날을 조용히 떠올려보아라
윤회의 한 잎
그것이 지고 있는 날에

죽은 척

마른 수풀 속의 꿩
죽은 척 고요해진다
논 가운데 고라니 한 마리
죽은 척 고요해진다
들고양이 한 마리
도망가다 멈추어 서서
고요히 이쪽을 응시하고 있다

사람도 그럴 때가 있다
이러지도 저러지도 못하는 순간과 맞닥뜨릴 때
납작 엎드려야 하는 순간이
살아가는 동안
몇 번인가 있는 것이다

서표(書標)

더 이상 너의 생애가
잠들어 있기만을 바라지 않는다
얼마 만에 널 다시 만났나
잠깐의 헤어짐이 이렇게 긴 헤어짐이 될 줄
누가 알았나

"1987년 11월 어느 이상한 날에
사랑하는 사람에게"라는
글씨와 함께
너와의 시간은 멈추어버렸다

길은 가랑잎처럼 말라버려 미로가 되었다
얼마 만에 널 다시 만났나
너는 다시 깨어났으므로
너를 과거 속의 사람이라 부르지 않기로 한다

너는 아직도
시인을 꿈꾸며 거리를 쏘다니는 사람

노란 은행잎 속에 온기(溫氣)로 스며드는 사람

너의 손끝의 체온을 기억하는 유일한 사람이므로
나는 너를 현재로 기억한다

당신에게도 그런 세월이 있었는지

벼랑 끝에서 또 벼랑을 만났어도
그곳에선 또 다른 길이 이어집디다
안개 가득한 바다 절벽
혹은 첩첩산중
그 무중의 한때를 질곡이라 부르며
더듬대던 세월이 당신에게도 있었는지
여기까지 살아온 것도 기적이다,
애써 위로하며 살아온 세월이
당신에게도 있었는지
나만 힘든 게 아니었구나,
애써 당신 스스로를 위로하고 싶은 날이
그런 날이 있었는지
벼랑 끝에서 또 벼랑을 만났어도
또 살아가야 할 길을 찾아야 하는 당신에게
시간이라는 세월이라는 위로의 큰 산이
길을 만들어주고 있었음을

원룸촌

생은 고립을 향해 나아가는 과정
이상할 것도 두려울 것도 없지
사람들이 멀어졌다 가까워졌다 하는 것도
강물이 흘러가다 흘러오는 것도
결국은 고립을 향해 먼 길 떠나가는 연습을 하기 위한 것이지
나뭇가지도 어느 날 제 몸 흔들어
나뭇잎을 떠나보내는 것도 고립을 위한 준비를 하는 것이지
당신이 세상을 한 바퀴 돌아와
뒷방에 머무는 것도
고립을 위한 준비를 하기 위한 것이지
혼자라는 것
절망이, 고립이 시를 만드는 것처럼
막다른 길에 몰리고 나서야
한숨처럼 터져 나오는 시를 물고 나오는 시인들처럼
쓸쓸해야만 닿을 수 있는 거기 그 동네 사람들

진눈깨비

오늘도
눈이 되지 못하고 거리를 떠돌았다

세상에 내놓지 못하는 이력
한때의 세월이 쓸쓸해서
또 힘없이
바닥에 주저앉았다

내 탓이 아니라고
결코 내 탓이 아니라고
수없이 되뇌어보아도 위로가 되지 않던 시간들
꺼내지 마라
그 세월에 대한 흔적
자지러질 때마다
내 뼈는 조금씩 땅속으로 스며든다

더 이상 묻지 마라

그 시린 세월

모두 바닥에 내려놓고

한 인생 살아왔으니

종신(終身)

거미줄에 꽃잎 하나가 매달려 있다
정육점 형광등이 붉게 익어가는 시간
거미도 붉은 꽃잎 하나를 그물에 매달아놓았다
꽤나 촘촘한 그물망
지금쯤 거미는 어디선가
조용히 그 꽃잎을 지켜보고 있을 것이다
비바람이 불던 날
위태롭게 흔들리던 꽃잎은
그물 밖 저쪽 세상으로 몸을 떨구었다
"임종하셨습니다"라는 명문 한 줄을
이 세상에 남긴 날이었다

제4부

여전히 더듬거리다

새로 돋은 칡순이
언덕배기 허공을 더듬는다
이리저리 손을 휘저으며
기댈 곳을 찾는다
살아가는 일의 시작은
이렇듯 늘 조심스럽게 허공을 더듬는 일
해마다 새로운 봄은 찾아오고
해마다 새순들이 허공을 더듬고 있듯이
쉰다섯 해의 봄을 지나왔어도
살아가는 일이 처음인 듯
여전히 세상을 더듬고 있다

신호

어미 잃은 멧비둘기 한 마리
풀밭에 앉아 휘익 휘익 신호를 보낸다
배가 고프다고
목이 마르다고
어미를 부르는 저 소리는
생을 이어가야 하는 절대 절명의 신호이다

그해 겨울
아무리 기다려도 당신은 오지 않고
부재중이라는 신호만
뚜―뚜―뚜

상쾌한 소식

이 새벽
네가 백팔 번 절을 하면서
어제의 업장을 소멸하는 동안
나는 화장실 변기에 앉아서
시원하게 어제의 업장을 내려 보냈다
먹고 흉보고 욕심냈던 어제의 하루가
너는 진액 같은 땀방울로 떨어져 나오겠지만
나는 내장 속 빈 헛헛함으로 어제를 떠나보냈다
남아 있는 기억은 아직 화장실 주위를 어슬렁거리고
잔불 정리하듯 어제의 욕망을 정리하고자 한다
그리고 마지막 기억 하나가 화장실 창문을 넘어
막 터지고 있는 산수유 꽃망울에 붙어
또 다른 삶을 살아가게 되었다는 소식을 보내왔다
아주 상쾌한 소식이었다

바람개비

바람개비 하나가 돌고 있었다
반쯤 남겨두고 온 청춘 하나가
명륜동 그 골목길을 맴돌고 있었다
나뒹구는 소주병 속에서 흘러나오던 노래는 황량했었고
연탄불 꺼진 방은 불안했으므로
웅크린 잠을 자고
겨울이 더 길었던 명륜동 시절
따뜻한 불빛을 찾아 돌아 다녀도
또다시 그 자리에서 바람을 맞던
그래, 그때는 세상에 마음껏 휘둘렸었다
멀미가 나도록 바람개비는 돌고

벌목

죽은 이의 무덤을 위해
살아 있는 나무가 하루아침에 잘려 나갔다
햇빛을 가린다는 게 이유였다
쇳날은 살아 있는 나무를 노리고 있지만
어처구니없게도
마지막에 그 나무를 위해 울어주는 것은
시퍼런 쇳날이었다
윙윙애애앵 윙윙애애앵
이 순간
자신이 죽고 있는지조차도 모르는 나무를 위해
온 산이 떠나가도록 시퍼렇게 울어주는 쇳날
무생물의 울음이
이렇게 슬플 수 있다는 것이 더 슬픈
벌목의 아침

에필로그

산길에서 만난 죽은 새의 털 무더기
꽃잎처럼 흩어져 있다
누군가가 몸을 채간 후
파르르 파르르 떨며
허공을 마흔아홉 바퀴나 굴렀을 날개
답도 모르는 생을 사느라
수없이 허공을 휘저었을 날개
그 해지고 찢어진 날개를 덮어준 것은
햇볕을 오래 받아놓았던
따듯한 한 줌의 흙이었다

오늘
애련한 생 하나를 묻고 돌아왔다

직방(直放)

쿵! 하고 유리창 부딪히는 소리가 났다
나가떨어진 새 한 마리
파르르 날개를 떤다
작은 새야 잘 가라
귀에 대고 인사말을 전한다

삶이 영혼이 되는 순간은
이토록 짧다

소멸 단상

머리카락 하나가 미끄러져 내려온다
또 하나의 인연 하나가 갈라져야 하는 시점이다
죽기 위해 뛰어내렸는데
아무도 모른다 이 소멸의 한 줄기를
무심히 쓸어내리는 손가락 사이에도
쉽게 걸려 버려지는 일들이 비일비재하기 때문일까
모두 눈 하나 까딱 않는다

산책로에 뒤집힌 매미가 바둥거린다
매미는 지금 사경을 헤매고 있는데
남은 힘이 빠지면 간당간당할 이승과 저승 사이인데
무심히 지나치는 사람들
매미는 지금 온몸을 다해 마지막 말을 남긴다
몸을 던져 쓴 유서 한 장이 있어야
이승을 온전히 떠날 수 있는 건지
지독한 통과의례다

낮달

널 만났던 날이 있기는 있었나
넌 여전히 부재중이고
네 노랫소리는
기억 속에서 멀어진 지 오래되었구나
너 그날
정말 죽을 수밖에 없을 만큼 외로웠었던 거니
빛바랜 후회는 안부도 슬픈데
꽃 몇 송이밖에 피워낼 줄 모르는 아픈 기억이
숨죽여 울고 서 있다

돌

나를 잠재워주던
사람은 가고
끝내 전하지 못한 말만 남아
아득한 깊이로
누워 있다

눈을 뜨다

눈을 뜬다는 것
그것은 조금씩 머물던 자리에서 움직일 수 있다는 것
비로소 네가 보인다는 것
막연한 시간이 지났다는 것
조금은 세상살이가 수월해졌다는 것
덩굴손의 실체 그 촉이 만져지던 날의 후련함
어렵게 세상일에 눈을 뜬 날

압화

싹둑 자른 머리
여름과 가을 사이
끝내버린 소식
더 이상 병들지 못하게
생을 꽉 눌러버린 하루
서른여덟 살 그녀가
사진 속에서 웃고 있다

도라지꽃

빗속에 그 여자
밤새 뒤척였다
육신을 나눠주고 온 어린 그들을
맘 놓고 떠날 수도 없는 처지
불면의 밤을 보낸 그 자리에
멍이 든 채로 앉아 있는
보랏빛 꽃 한 송이

텔*

언덕구 묏등리
우리는 당신 이후의 생을 암호 풀기 위해
연장을 가지고 그곳을 찾았습니다
포클레인 몇 삽 그리고 삽질 몇 번
젊은 여자라고 했습니다
다리가 불편했을 거라고도 했습니다
십 원짜리 동전 몇 개를 던지라고 했습니다
마른 뼈 몇 점
당신은 수십 년간 묻어두었던 비밀을
햇볕 아래 모두 드러내놓고 계셨습니다
그것을 마지막으로
산 뒤 사람
당신은 이제야 불우했던 당신의 삶을 완전히 끝내고
깊은 영면에 들 수 있었습니다
비로소 넓은 우주의 품으로 돌아 가셨습니다

---

*텔(tell) : 서남아시아에서 소아시아, 이집트의 일부에 걸쳐 들에 만들어진 인공 언덕.

해설

울음의 안쪽, 회한의 시학

정병근 시인

    김진희 시인의 시에는 회한과 눈물이 배어 있다. 회한은 뉘우치고 한탄한다는 뜻이다. 살아온 인생은 늘 아쉽기 마련이다. '이렇게 살리라'는 내면의 자아와 '그렇게 살지 못하는' 현실의 '나' 사이에 괴리가 깊기 때문이다. 인생은 불만족의 연속이고 이 때문에 '속의 나'와 '겉의 나'는 늘 불화하면서 살아간다. 그리고 되돌아갈 수 없음을 한탄한다. 시에서 회한과 성찰은 고백적인 진술의 근간을 이루는 사유 양태로 볼 수 있다. 시시각각으로 누적된 삶의 '엔트로피'를 더듬어 지금의 처지를 깨닫고 향후를 모색하는 것은 비단 시의 일만은 아닐 것이다. 회한하는 인생은 쉽사리 감사와 행복으로 수렴되지 않는다. 미만과 결핍의 상처들이 끊임없이 내벽을 긁고 있기 때문이다. 그래서 시에서의 인생은, '부단히 노력하였으나 마침내 실패하였다'는 대문장을 노정(露呈)한다. 실패는 거의 모든 '시 인생'들의 숙명과도 같다. 살아 있는 동안에는 '다 이루었다'고 말할 수 없을 것이다. 시적 이상과 현실의 삶은 필연적으로 삐걱거린다. 시는 이 삐걱거림을 동력으로 삼는 문학예술이다. 희망과 성공보다는 절망과 실패에 매진할 때 더 아름다운 시가 탄생한다고 믿는다.

   그의 시는 이런 맥락 속에서 써내려간 회한의 기록이면서 상처(울음)로 얼룩진 비망록이다. 욕망과 관계로부터 얻어진 상처는 궁극적으로 시 인생에 대한 실패로 이어진다. 어느덧 세월은 흘렀다. 나는 어디에 있는가. 나를 어떻게 할 것인가.

> 이제 더 이상
> 땅속 물길을 찾을 수가 없네
> (…중략…)
> 정작 날 위해 울어야 할 때
> 마른 울음소리밖에는 나오질 않네
> (…중략…)
> 나는 누구였으며
> 지금 어디를 향해 소리치고 있나
>
>   -「수숫대」부분

   시인은 스스로를 호명하며 누구도 들어주지 않는 혼잣말을 통해 자신의 고독한 처지를 한탄한다. 그리고 '엽서 한 장 오지

않는 고립무원 속에서 건초처럼 마른 몸으로 견디는 일만 남아 있음'을 뼈저리게 깨닫는다(「건초」). "뜨거운 열정은 아직 식지 않았다/한 번의 기회가 나에겐 다시 찾아올 거야"라고 다짐해 보지만 "모두가 가고 있는 길/모두가 맞이해야 하는 으스스한 생의 변환기"(「처서 무렵」)를 맞은 시인은 이쯤에서 자신의 한계를 받아들이고 지금까지 붙잡고 있던 미련을 놓아주면서 부득이한 화해를 모색한다. 새롭게 시적 자존을 세우고 삶을 의미화하면서 긍정에 이르고자 하는 안간힘이 그의 시를 관통하고 있다. 그 안간힘 속에 회한과 눈물이 촘촘히 박혀 있다. 시인은 세월의 너울을 덮어쓴 채, '젊은 날의 그 거리, 그 신호등 앞에서 아직도 서성대고 있는 너'의 허깨비를 본다(「대학로」). '너'는 마음속에서 여전히 젊음을 유지하고 있는 애인이기도 하고 어쩌면 시인 자신의 모습이기도 하다. 시인의 상처는 무엇이고 미련은 어떤 것일까.

   시인의 심경이 가장 잘 드러나 있는 시 한 편을 인용해보자.

     달생(達生)의 생이 매달려 있다
     징깅이뼈 아래로 피가 돌지 않은 지 오래되었다
     가끔씩은 뼈의 울음소리라도 듣고 싶은데
     막힌 혈로(血路)를 뚫고 싶은데
     여윈 다리로는 움직일 수가 없구나
     내 의지와 상관없이 흘러갔던 삶의 모습들과

체념 속에서 지내왔던 은둔의 시간들과
서둘러 떠나갈 수밖에 없었던 수많은 잘못들
미친 듯이 도망쳐 다니던 두 다리를
바람벽에 내다 걸었구나
그동안 일방적으로 코너로 몰리지 않았더냐
갈 데까지 가지 않았더냐
이미 절벽인데
벌써 다 할퀴어 뜯겨버린 지가 언제인데
제발 두 다리만은 썩지 않게 해다오
언 것들은 녹으면 물이 된다
물은 또 바람을 가슴에 품고 있다
처음 왔던 그 순간으로 되돌릴 수만 있다면
더 이상 무슨 욕심 있겠는가
물방울들이 막힌 다리의 혈로를 뚫기 시작했다
―「고드름」 전문

'고드름'은 시인의 분신이다. 감각을 상실한 '정강이다리'와 '고드름'을 동일화하여 소통 불능의 답답하고 안타까운 심경을 토로하고 있다. 시인은 감각을 잃기 전의 다리가 수행했던 과거를 되새기며 상처의 정체를 내비친다. "내 의지와 상관없이 흘러갔던 삶의 모습들과/체념 속에서 지내왔던 은둔의 시간들과/서둘러 떠나갈 수밖에 없었던 수많은 잘못들"을 짊어지고 "미친 듯이 도망쳐 다니던 두 다리"는 급박하게 살아온 시인의 인생 그 자체이다. '일방적으로 코너에 몰리면서 갈 데까지 갔으며, 할퀴고 뜯겨서 절벽 앞에 서 있는' 절박한 상황에 내몰려 있는 것이다. 물론 이것은 시인이 스스로 내몰아간 상황이다. 생각해보니 그렇다는 것인데, 시에서 언급된 '수많은 잘못들'은 시인의 '원죄'이며 욕망과 관계의 실패를 의미한다. 이것은 우리 모두의 실패와 다르지 않다. 그래서 "제발 두 다리만은 썩지 않게 해다오"라는 하소연은 시인의 절박한 삶에 경건한 공감을 일으킨다. 한편으로, 얼어 있는 '고드름'은 단단하고 뾰족한 속성 때문에 집념이나 결기를 나타내는 상징으로 작용한다. 집념과 결기는 누군가와 소통하는 것이 아니라 홀로 밀고 나아가 이루어내야 할 과제와도 같은 것이다. 시인은 자신의 마음속에 품고 있는 경직성이 소통을 가로막는 장애라고 인식하고 이제는 그만 놓아버리고 싶은 심정이 된다. 경직의 내용은 대개 시적인 삶과 관련되어 있을 것이다. "시를 빚는다/시를 모의하는 저녁/삶의 기억들이 꼬리를 물고 찾아온다"(「반죽」). 결국에는 그것들이 육신의 병을 몰고 왔고 자신의 삶을 실패하게 만들었다고 여기는 듯하다. 고드름은 원래 물이다. 물은 고드름의 본질이다. 고드름이 물로 돌아가는 것은 자연스런 일이다. 고드름은 한때의 욕망일 뿐이다. 시인은 고드름이 녹는 것을 보고 비로소 어떤 화해의 지점을 발견한다. 서서히 녹으면서 '무장해제' 되는 고드름을 지켜보면서 시인의 '고드름 인생'도 함께 녹아서 물과 같은 유동(流動)의 세계로 회귀하기를 소원한다. 그곳은 따뜻한 피가 통하는 곳이고 울음이 흐르는 세상일 것이다. '막힌 다리의 혈로를 뚫기 시작하는 물방울들'은 화해의 눈물을 의미한다.

아래의 시는 외롭고 고독한 "지금이라는 한때"를 견디며 사는 시인의 내면이 핏방울처럼 고여 있다.

> 헛손질을 하다 짓찧은 손톱
> 검은 피가 손톱의 반달을 가리웠다
>
> 지금이라는 한때가
> 느닷없이 자지러지고 있다
>
> 나 혼자 앓는 동안
> 너는 안부도 없고
>
> 헛손질 한방에 세상이 고꾸라질 듯해도
> 시간은 모든 걸 해결해주리라
> 그때까지 잠시 안녕
>
> ―「월식」 전문

손톱에 피가 나는 상황을 '월식'에 비유한 발상이 돋보이는 시다. "검은 피가 손톱의 반달을" 가린 것은 통증을 동반한 불길한 징조이다. 돌연한 통증은 무감각한 일상을 순간적으로 각성

시키면서 망각을 흔들어 깨운다. '아참, 내가 지금 여기에 살고 있었지'라는 현실감이 몰려오면서 현재의 처지를 더 절실하게 돋운다. 시인은 주위에 아무도 없음을 깨닫고 더할 수 없는 외로움을 느낀다. 다치고 아플 때 누군가가 함께 있어주면 좋으련만 혼자 감내하는 아픔이 혼자 사는 고적함을 새록새록 돋우어서 설움은 배가된다. "시간은 모든 걸 해결해주리라/그때까지 잠시 안녕"이라는 마지막 구절은 읽는 이의 심금을 울린다. 옆에서 보듬어주고 싶도록.

　　　상처는 제일 아픈 곳으로 파고든다지
　　　눈에 보이지 않는 상처가
　　　보이는 상처보다 더 깊고 위험하다지
　　　가시를 품고 살아가기가 얼마나 힘든 일인지
　　　살아보지 않고는 알 수가 없는 것
　　　가시가 삐져나오는 만큼
　　　마음 밖은 무너져 내리는 일임을
　　　그리 오랜 시간이 흐르지 않았어도 알고 있지
　　　몸속에 품었던 가시가
　　　조금씩 자라고 자라
　　　몸 바깥에 경계를 세우기까지
　　　가시 끝에 눈을 달고 살아야 했지
　　　그것이 세상에 대응하는 방식
　　　그것이 상처에 대응하는 방식

더 이상 가까이 오지 마시오
  더 이상 흔들어대지 마시오
  그냥 내버려두시오

  　　　　　　　　　　　　　　　―「고슴도치」 전문

　이 시는 '고슴도치'에 투사한 시인의 '상처론' 내지는 '가시론'이라 할 수 있다. 자연에는 가시를 가진 것들이 많다. 가시가 있는 나무들, 선인장과 장미, 어패류와 물고기들에서부터 육지 동물에 이르기까지. 모든 가시는 진화의 결과로서 '가까이 오지 마라'는 경고를 담고 있다. 장미의 가시는 오래전부터 매혹을 강화하는 역설의 상징으로 쓰여 오기도 했다. 고슴도치는 가시를 가진 대표적인 동물이다. 고슴도치의 가시는 고슴도치의 방어수단이다. 시인은 자신을 고슴도치로 환유한다. '상처'가 파고드는 "제일 아픈 곳"은 시인의 매혹(순수)이 거처하는 속살일 것이다. 상처는 타자에 의해 생기지만 결국은 내화(內化)되어 자신의 것이 된다. 보듬고 가야 하므로 상처의 주인은 자신일 수밖에 없다. 밖으로 흔적을 남기는 물리적인 외상(外傷)과 달리 관계로부터 얻은 내상(內傷)은 매우 개별적이고 비밀스런 것이어서 본인이 표현하지 않는 이상 알 수 없다. 그래서 "눈에 보이지 않는 상처가/보이는 상처보다 더 깊고 위험하다". 마음속 깊은 곳에 상처를 간직하고 살아가야 하는 시인은 또 다른 상처를 입지 않기 위해 방어기제를 작동시키는데 그것이 바로 '가시'이다. 가시는 외부의 침입자를 감지하는 예민한 촉수인 동시에 강력한 방어수단이다. 약자로 살아온 시인에게 가시는 궁여지책의 산물일 텐데 그런 생각을 하면 마음이 짠해진다. 말이 그렇다는 것이지 사람이 어찌 고슴도치가 될 수 있겠는가. 사실 시인이 표방하는 가시는 밖으로 돌출하지 않은 마음속의 가시이다. 앞서의 상처처럼, 가시조차 숨기고 살아야 하는 시인은 얼마나 힘이 들까. 상처와 가시를 동시에 쟁이고 살아야 하는 시인의 상황이 안타까울 뿐이다. "가시 끝에 눈을 달고" 사는 일, 그것이 '세상과 상처에 대응하는 방식'이니까 '더 이상 가까이 가지도 흔들어대지도 말고 그냥 내버려두는' 수밖에.

> 찬바람 부는 망망대해
> 하얗게 잘린 꿈들이 떠돌고 있다
> 수없이 수화기를 들었다 내려놓았던 긴 하루가 가고
> 아직은 뒤척이는 것조차 죄가 되는가
> 죽은 듯이 누워 언 잠을 청하는 사람들
> 막차가 끊어진 시간
> 종이 쪼가리 신문지 몇 장 뒤집어쓴 채
> 노숙의 시절을 견디고 있는
> 역전의 생들
> ―「유빙(流氷)」 전문

'상처/울음'과 함께 그의 시에는 '떠도는 자'의 피곤함이 곳곳에 묻어 있다. 부유하는 인생인 것이다. 시인이 살아온 세월도 그랬겠지만, 우리네 인생 자체가 떠돌이와 같다. 서정주의 마지막 시집 『80소년 떠돌이의 시』 또한 그런 연유가 있지 않겠는가. 떠도는 것이 어디 인간뿐이겠는가. 우주 만물은 시공의 궤도를 타고 떠돈다. 우리는 모두 시공의 여행자이다. 우리의 몸도 마음도 떠돎을 거듭한다. 위의 시에서는 꿈과 희망을 잃고 외로움을 견디며 살아가는 독거자(노숙자)의 양상을 통해 떠도는 시인의 모습을 투사하고 있다. 어디에도 마음 둘 곳 없는 시인의 내면풍경이 드러난다.

한편, 시인이 품고 있는 상처의 내력 중에는 가족사와 얽힌 부분들이 많다.

> 잠깐 살다 간 계모가
> 집안을 들쑤셔놓았듯이
> 그해 여름 우리는 처음 만났었던가
> 시도 때도 없는 너의 견제에 시달리느라
> 내 감정선은 늘 습했지
> 저 바람의 입속에서
> 검은 데몬의 무리가 쏟아져 나왔었던가
> 서로에게 내리꽂히는 말의 화살들이
> 진흙탕 속의 설전이
> 도랑을 넘어 길을 덮치기 시작했지
> 시뻘건 저것

너와 내가 거칠게 만나 만들어낸 토악질이 아니었나
우리 습생으로는 만나지 말자
절대 만나지 말자
무거운 비가 그치고
인생의 서막이 다시 시작될 때까지

—「장마」전문

  지루하고 축축한 '장마'의 습성을 자신이 겪은 어떤 사건과 연관시키고 있는데, 문맥상의 내용으로 보아 ① 한때 "잠깐 살다 간 계모"가 있었고, ② 시인 자신이 어떤 사람(연인이든 정혼자든)과 함께 살았던 경험을 가지고 있는 듯하다. "서로에게 내리꽂히는 말의 화살들"이라든가 "진흙탕 속의 설전", "거칠게 만나 만들어낸 토악질" 같은 격한 표현들과, "절대 만나지 말자"는 직설적인 다짐으로 얼룩진 이 시는 한 인물에 대한 환멸감을 고스란히 드러내고 있다. 그런 이유로 둘은 마침내 헤어졌을 것이고, 아마도 이런 기억들이 시인의 내면에 깊은 상처를 만든 것 같다. 그리고 세월이 흘러 늙고 병든 아버지(「아버지」, 「새」, 「욕」 등 참조)에 대한 불효감과 형제들 간의 불화 등이 얽히면서 시인의 상처는 더욱 깊어졌으리라. 다음 구절은 시인의 그런 마음을 잘 나타내주고 있다. "양평에서 수원에서 인천에서 사는 형제들아/다들 그렇고 그렇게 살아가고들 있구나/한 나무에서 태어나 서로를 조금도 그리워하지 않고 사는 형제들아

/(…)/그러나 아버지 장례식 날엔 꼭 한번 만나자/(…)/잘들 지내거라/동생 둘은 끝끝내 장례식에 오지 않았다"(「강릉김씨 제망매가」).

죽음에 대한 빼어난 사유가 녹아 있는 시 한 편을 옮겨본다.

>거미줄에 꽃잎 하나가 매달려 있다
>정육점 형광등이 붉게 익어가는 시간
>거미도 붉은 꽃잎 하나를 그물에 매달아놓았다
>꽤나 촘촘한 그물망
>지금쯤 거미는 어디선가
>조용히 그 꽃잎을 지켜보고 있을 것이다
>비바람이 불던 날
>위태롭게 흔들리던 꽃잎은
>그물 밖 저쪽 세상으로 몸을 떨구었다
>"임종하셨습니다"라는 명문 한 줄을
>이 세상에 남긴 날이었다
>
>―「종신(終身)」 전문

그대로 읽어도 좋겠지만, 굳이 해석을 달자면 '거미줄'은 허기를, '거미'는 감시자를, '꽃잎'은 사람을 상징하는 듯한데, 그러니까 그곳은 살아서는 빠져나올 수 없는 감옥과도 같은 곳이다. 그 감옥은 역설적이게도 우리가 살고 있는 이 세상인 것. 죽음으로써만 벗어날 수 있는 것. 어쩐지 '종신형(終身刑)'이라는 말을 생각하게 하면서 시적 감도(感度)를 드높인다. "명문"은 한자 '冥文'으로 읽힌다.

이 글에 인용된 시들을 포함하여 그의 시집에 실린 대부분의 시들은 짧다. 거창한 세계의 문제를 건드리거나 관념적인 탐험에 매달리지도 않는다. 조곤조곤한 언어로 자신의 삶을 살피는 데 매진하고 있다. 그 진솔함과 소박함이 시를 반짝이게 한다. 자신의 내부를 향할 때, 시는 겸허해지고 잔잔한 감동을 불러온다. 신산한 삶을 견디면서 상처를 극복하고자 하는 처연함이 그의 시편들 속에 깃들어 있다. 그의 시에는 '울음'이라는 단어가 자주 나오는데 울음(눈물)은 카타르시스(정화)로서, 쌓인 근심을 씻어내고 안팎의 어려움을 극복하는 힘이 된다. 우리는 외로워도 울고 슬퍼도 울고 기뻐도 울고 절망할 때도 운다. 속울음이든 겉 울음이든 울음이야말로 자신의 본성에 가장 가깝게 다가가는 행위가 아닐까. 울음은 '반성/뉘우침→용서/화해'의 근간을 이루는 지점이기도 하다. 웃는 사람을 미워할 수는 있어도 울고 있는 사람을 미워할 수는 없을 테니까. 시인은 그 울음의 힘으로 흔들리면서, 오직 흔들리는 일만이 전부이듯 자신과 타인, 과거와 현재 사이에 기로놓인 불회를 어루만진다.

그의 시에서 한 가지 특이한 점은, '너', '당신', '그 사람', '그 남자', '그대', '우리' 등과 같은 인칭대명사들이 자주 호명되는데, 시에 따라 그리움과 증오가 교차하고 있어서 누가누구인지 가늠하기 어렵다. 또한 '아픈 기억', '서러운 추억', '그 시린 세월', '질곡의 세월', '끝끝내 잡히지 않은 동상이몽', '어둠으로 침잠하던 그날', '당신이 세상 버린 날' '굴곡진 삶', '보이지 않는 상처' 등과 같은 문구들은 모호하고 관념적이어서 그 실상이 확연하게 드러나지 않는다. 다만 지독한 상실(이별/사별)의 경험과 관련되어 있을 것이라는 정도로 미루어 짐작할 뿐이다. 그럼에도 아래의 시에서처럼 시인의 마음속에는 여전히 젊은 '너'라는 '나'가 살아 숨 쉰다. 이것은 시의 부활이고 시인이 살아가는 힘의 원천이다. 앞서 인용했던 「대학로」에 등장하는 '너'와 맥을 같이하고 있다.

얼마 만에 널 다시 만났나
너는 다시 깨어났으므로
너를 과거 속의 사람이라 부르지 않기로 한다

너는 아직도
시인을 꿈꾸며 거리를 쏘다니는 사람
노란 은행잎 속에 온기(溫氣)로 스며드는 사람

너의 손끝의 체온을 기억하는 유일한 사람이므로
나는 너를 현재로 기억한다
―「서표(書標)」 부분

이제 글을 끝맺어야 할 것 같다. 필자는 김진희 시인의 이번 시집을 해석자의 관점이 아니라 시인의 심정으로, 그저 자유롭게 감상한다는 생각으로 읽었다. 시 읽기의 본질은 감상과 공감이 우선이라고 믿기 때문이다. 행간들 속에 올올히 박힌 사연들을 짚어내면서 공감에 이르는 과정은 괴롭지만 즐겁다.

김진희 시인의 이번 시집에 수록된 시들을 한마디로 요약하면, '울음을 내장한 회한의 시학'이라고 할 수 있다. 인생의 말할 수 없는 신산함(상처)을 견뎌내며 살아온 내공이 그의 시를 떠받치고 있다. '시인의 말'에서처럼, "오래 묵은 물집 하나"를 터뜨렸다는 생각으로 지금까지 움키고 살아온 말들을 훌훌 떠나보내고, 이제는 또 다른 '통각(痛覺)'의 지점을 향해 매진하기를 기원한다.

이 도서의 국립중앙도서관 출판시도서목록(CIP)은 서지정보유통지원시스템 홈페이지(http://seoji.nl.go.kr)와 국가자료공동목록시스템(http://www.nl.go.kr/kolisnet)에서 이용하실 수 있습니다.(CIP제어번호: CIP2015018446)

문학의전당 시인선 211

상처에 대응하는 방식

ⓒ 김진희

초판 1쇄 인쇄 2015년 8월 28일
초판 1쇄 발행 2015년 9월 4일
      지은이 김진희
      펴낸이 고영
    책임편집 이현호
      디자인 헤이존
      펴낸곳 문학의전당
    출판등록 제311-2012-000043호
        주소 서울시 은평구 연서로11길 7-5 401호
      편집실 서울시 마포구 마포대로 127, 413호(공덕동, 풍림VIP빌딩)
        전화 02-852-1977
        팩스 02-852-1978
       블로그 http://blog.naver.com/mhjd2003
     전자우편 sbpoem@naver.com

        ISBN 979-11-86091-45-6 03810

*이 책의 판권은 지은이와 문학의전당에 있습니다.
*양측의 서면 동의 없는 무단 전재 및 복제를 금합니다.
*잘못 만들어진 책은 바꿔드립니다.